La Leyenda
❖ del Pincel Indio ❖

recontado e ilustrado por

Tomie dePaola

G. P. Putnam's Sons

New York

Para mis queridos amigos,
Pat Henry y su esposo, Bill,
quienes compartieron su parte de Wyoming conmigo
y no me hicieron montar a caballo.
TdeP

Library of Congress Cataloging-in-Publication Data
DePaola, Tomie. The legend of the Indian paintbrush/retold & illustrated
by Tomie dePaola. p. cm. Summary: Little Gopher follows his destiny,
as revealed in a Dream-Vision, of becoming an artist for his people and
eventually is able to bring the colors of the sunset down to the earth.
1. Indians of North America—Great Plains—Legends. [1. Indians
of North America—Great Plains—Legends. 2. Artists—Folklore.] I. Title
E78.G73D4 1988 398.2'08997078— dc19 [E] 87-20160
ISBN 0-399-21534-4 (hardcover)
11 13 15 17 19 20 18 16 14 12
ISBN 0-399-21777-0 (Sandcastle)
9 10 8
ISBN 0-399-22604 (*Castillo de Arena*)
3 5 7 9 10 8 6 4 2

Hace muchos años,
cuando el Pueblo recorría las Praderas
y vivía en un círculo de tipis o tiendas,
había un muchacho que era más pequeño
que los demás niños de la tribu.
Por más que trataba, no podía seguir
a los otros muchachos quienes siempre estaban
montando, corriendo, disparando sus flechas,
y luchando para probar su fuerza.
Más de una vez su madre y su padre se preocupaban por él.

Pero al muchacho, a quien llamaban Pequeño Topo,
no le faltaba su propio don.

Desde muy pequeño, hacía guerreros de juguete
con retacitos de cuero y trozos de madera
y le encantaba decorar piedras lisitas
con los jugos rojizos de las bayas
que encontraba en las colinas.

El sabio sacerdote de la tribu comprendió
que Pequeño Topo tenía un don muy especial.

"No luches, Pequeño Topo.

Tu camino no será el mismo que el de los demás.

Ellos serán guerreros cuando crezcan.

Tu lugar entre el Pueblo será recordado
por una razón diferente".

Y en unos pocos años
cuando Pequeño Topo creció,
se fue solo a las colinas
para pensar en hacerse hombre,
porque era una costumbre de la tribu.
Y fue allí donde se le apareció una visión-sueño.

El cielo se llenó de nubes y de ellas salieron
una joven doncella india y un viejo abuelo.
Ella llevaba una piel de animal enrollada
y él llevaba un pincel hecho de finos pelos de animal
y tarros de pinturas.

El abuelo habló.

"Hijo mío, estos son los utensilios
con los que te harás grande entre tu Pueblo.
Pintarás dibujos de las hazañas de los guerreros
y las visiones del sacerdote,
y el Pueblo los verá y los recordará por siempre."

La doncella desenrolló una blanca y pura piel de ante
y la colocó en la tierra.

"Busca una piel de ante tan blanca como ésta", le dijo.

"Guárdala y un día pintarás un cuadro tan puro
como los colores del cielo al atardecer".

Y mientras terminaba de hablar, las nubes se esfumaron
y una bellísima puesta de Sol cubrió el cielo.
Pequeño Topo miró la blanca piel de ante
y sobre ella vio los colores tan brillantes y bellos
como los del Sol poniéndose.

Después, el Sol se hundió despacio detrás de las colinas,
el cielo se fue oscureciendo,
y la visión-sueño se acabó.
Pequeño Topo regresó al círculo del Pueblo.

Al día siguiente comenzó a hacer pinceles blandos
con los pelos de diferentes animales
y pinceles duros con los pelos de las colas de los caballos.
Juntó bayas y flores
y piedras de distintos colores
y las machacó para hacer sus pinturas.

Recogió las pieles de los animales
que los guerreros trajeron de regreso de sus cacerías.
Estiró las pieles sobre marcos de madera
y tiró de ellas hasta que quedaron tirantes.

Y comenzó a pintar los cuadros…

De grandes cacerías...

De grandes hazañas...

De grandes visiones-sueños…
Para que el Pueblo las recordara siempre.

Pero aún cuando pintaba,
Pequeño Topo más de una vez
anhelaba dejar sus pinceles a un lado
y salir al galope con los guerreros.
Pero siempre recordaba su visión-sueño
y no se iba con ellos.

Muchos meses atrás,
había encontrado su purísima piel de ante,
pero todavía estaba en blanco
porque no había podido encontrar los colores
de la puesta del Sol.
Usó las flores más brillantes, las bayas más rojas,
y los púrpuras más intensos de las piedras,
pero todavía sus pinturas no le satisfacían.
Se veían apagadas y oscuras.

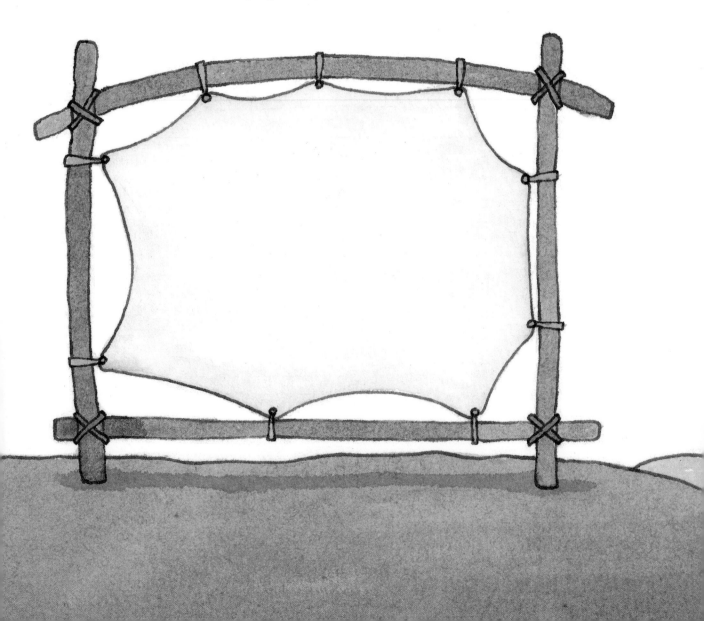

Comenzó a subir cada atardecer a la cima de una colina
y mirar los colores que cubrían el cielo
para tratar de entender cómo conseguirlos.
Ansiaba compartir la belleza de su visión-sueño
con el Pueblo.

Pero nunca se dio por vencido,
y cada mañana cuando despertaba,
sacaba sus pinceles y sus tarros de pinturas
y creaba las historias del Pueblo
con los utensilios que tenía.

Una noche, mientras se hallaba despierto,
escuchó una voz que le llamaba.
"Porque has sido fiel al Pueblo
y leal a tu don,
hallarás los colores que buscas.

Mañana coge la blanca piel de ante
y ve al lugar
donde viste el Sol de la tarde.
Allí, sobre la tierra, encontrarás lo que necesitas".

Al atardecer siguiente, cuando el Sol comenzó a ponerse,
Pequeño Topo puso a un lado sus pinceles
y se fue a la cima de la colina
mientras los colores de la puesta del Sol
se desparramaban por el cielo.

Y allí, sobre la tierra a su alrededor,
había pinceles llenos de pintura,
cada uno con un color del atardecer.
Pequeño Topo comenzó a pintar con rapidez y seguridad,
usando primero un pincel, luego otro.

Y a medida que los colores del cielo
comenzaron a desaparecer, Pequeño Topo miraba fijamente
la piel de ante blanca y se sentía feliz.
Había encontrado los colores de la puesta del Sol.
Llevó su pintura colina abajo
al círculo del Pueblo,
dejando los pinceles en la ladera.

Y al día siguiente, cuando el Pueblo despertó,
la colina estaba ardiendo de color,
porque los pinceles echaron raíces en la tierra
y se convirtieron en miles de plantas
de brillantes rojos, anaranjados y amarillos.

Y desde ese entonces, cada primavera,
las colinas y las praderas
rebosan de pimpollos en flor.

Y cada primavera,
el Pueblo danzó y cantó alabanzas
para Pequeño Topo, quien había pintado para el Pueblo.

Y el Pueblo nunca más le llamó Pequeño Topo.
Le llamó "El-que-trajo-la-puesta-de-Sol-a-la-Tierra".

Nota del Autor

Las flores llamadas "pincel indio" de preciosos colores rojo, anaranjado, amarillo (y hasta rosado) florecen profusamente a través de Wyoming, Texas y las Grandes Planicies y están conectadas con un montón de historias acerca de su origen. La historia del artista nativo norteamericano y su gran deseo de pintar la puesta del Sol fue especialmente significativa para mí como artista. (Muchas veces desearía poder subirme a las colinas y encontrar los pinceles llenos con los colores exactos que necesito. Quién sabe…a lo mejor un día…)

La idea de hacer un libro acerca de esta flor silvestre tan espectacular vino de mi gran amiga Pat Henry después de que ella vio mi libro titulado *La leyenda de la flor "el conejo"*, el cual es la historia de la flor del Estado de Texas. Pat es de Wyoming, lugar donde la flor "pincel indio" es la flor del estado.

Al mismo tiempo, Carolyn Sullivan de Austin, Texas, me había mandado recientemente una copia de la publicación titulada *Texas Wildflowers, Stories and Legends* (en español, *Flores silvestres de Texas*, historias y leyendas), una colección de artículos por Ruth D. Isely la cual apareció originalmente en el *Austin American-Statesman*. Carolyn es una maestra en el área de Austin y en 1965 esta colección se puso a disposición de los maestros para usar conjuntamente con la unidad acerca de los árboles y las flores silvestres de Texas. Ella también había leído el libro de la flor "el conejo" y supo de mi profundo interés por el cuento folklórico y la leyenda.

"Pincel indio" es una flor muy conocida para los Tejanos y en el libro me encontré con una breve e interesante información acerca de cómo la flor silvestre recibió su nombre. Contacté a la Señora Isely y cortésmente me dio permiso para usar su artículo como la fuente principal para recontar la leyenda del pincel indio.

Por lo tanto, quiero agradecer a Pat Henry por sugerir el libro, a Carolyn Sullivan por enviarme la colección de leyendas y a Ruth Isely por inspirarme con su colección. También quisiera agradecer y reconocer a Lady Bird Johnson, la pasada Primera Dama, cuyos incansables esfuerzos han conseguido no sólo que su estado de Texas se conviertiera en una sinfonía de color con sus flores silvestres sino que animara a otros estados a través de la nación a preservar y a cultivar las flores silvestres del lugar para embellecer los paisajes del país.

TdeP N.H.